Concerto pour piano et orchestre n°1 en ré majeur, « Célesta ».

Claude-Alexandre Simonetti

Concerto pour piano et orchestre n°1 en ré (D) majeur, « Célesta »

ISBN 978-2-9554521-8-9

Compositeur :
Claude-Alexandre Simonetti

1ère édition mars 2021

Concerto pour piano n°1 en ré (D) majeur, "Célesta"

Concerto pour piano n°1, "Célesta" en ré majeur - premier mouvement.

Allegro

Claude-Alexandre SIMONETTI.

Concerto pour piano n°1, "Célesta" en ré majeur - premier mouvement.

Concerto pour piano n°1, "Célesta" en ré majeur - premier mouvement.

Concerto pour piano n°1, "Célesta" en ré majeur - premier mouvement.

13

14

15

16

Concerto pour piano n°1, "Célesta" en ré majeur - premier mouvement.

Concerto pour piano n°1, "Célesta" en ré majeur - premier mouvement.

19

21

89

Fl.

Htb.

Bn

C. Fr

Trp.

Timb.

V. 1

V. 2

V. A

Vcl.

B.

22

Concerto pour piano n°1, "Célesta" en ré majeur - premier mouvement.

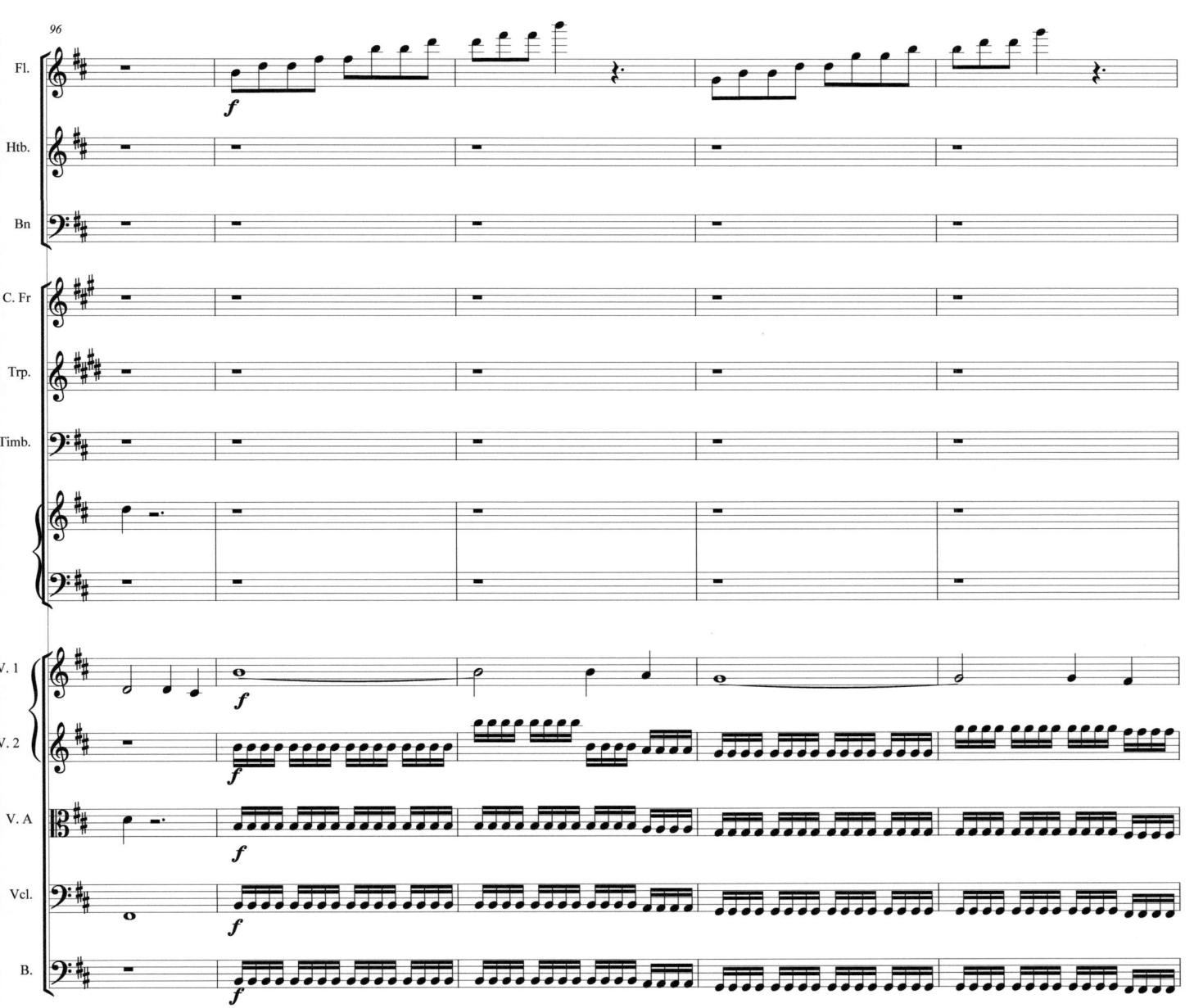

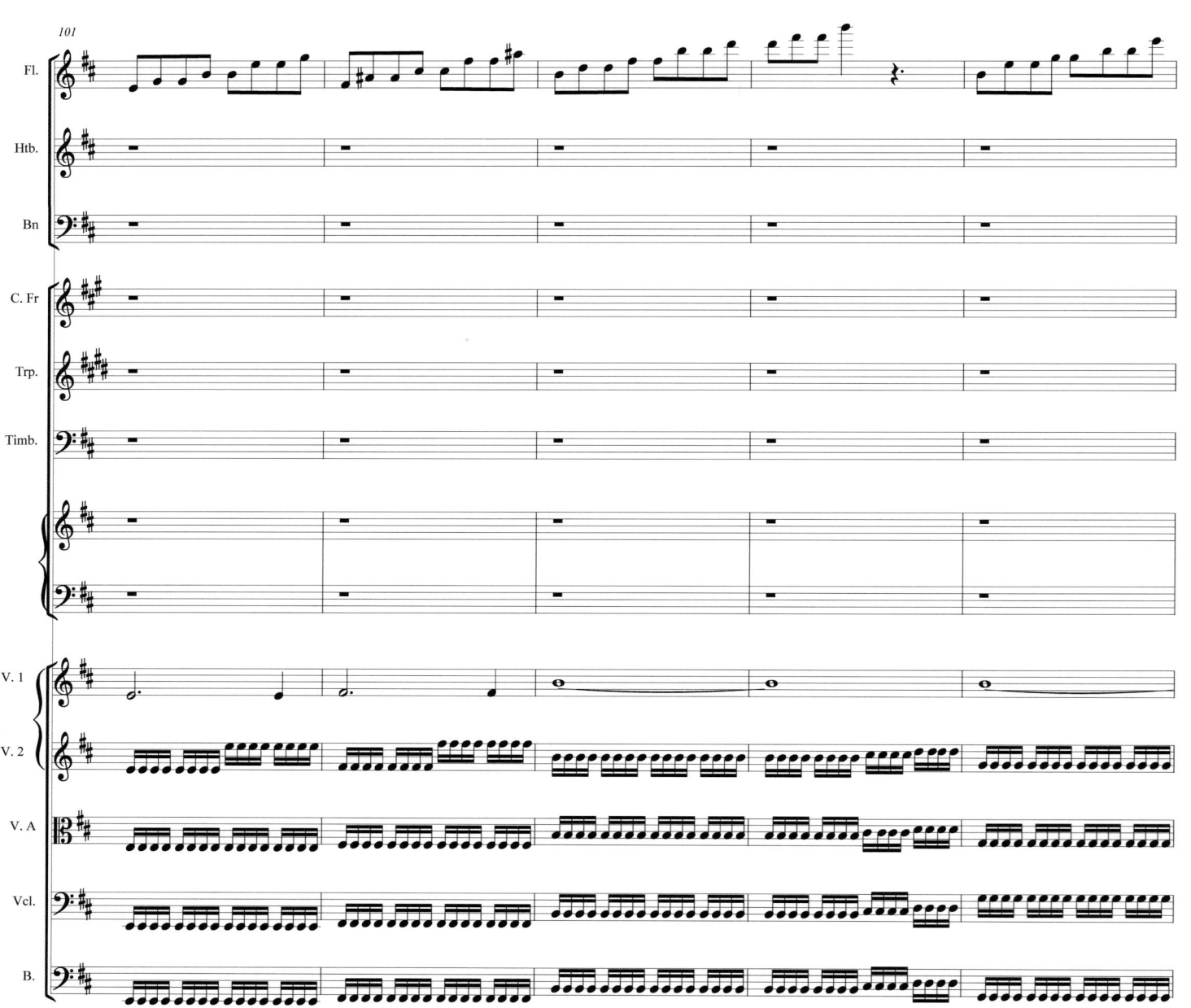

101

Concerto pour piano n°1, "Célesta" en ré majeur - premier mouvement.

25

27

Concerto pour piano n°1, "Célesta" en ré majeur - premier mouvement.

Concerto pour piano n°1, "Célesta" en ré majeur - premier mouvement.

31

Concerto pour piano n°1, "Célesta" en ré majeur - premier mouvement.

33

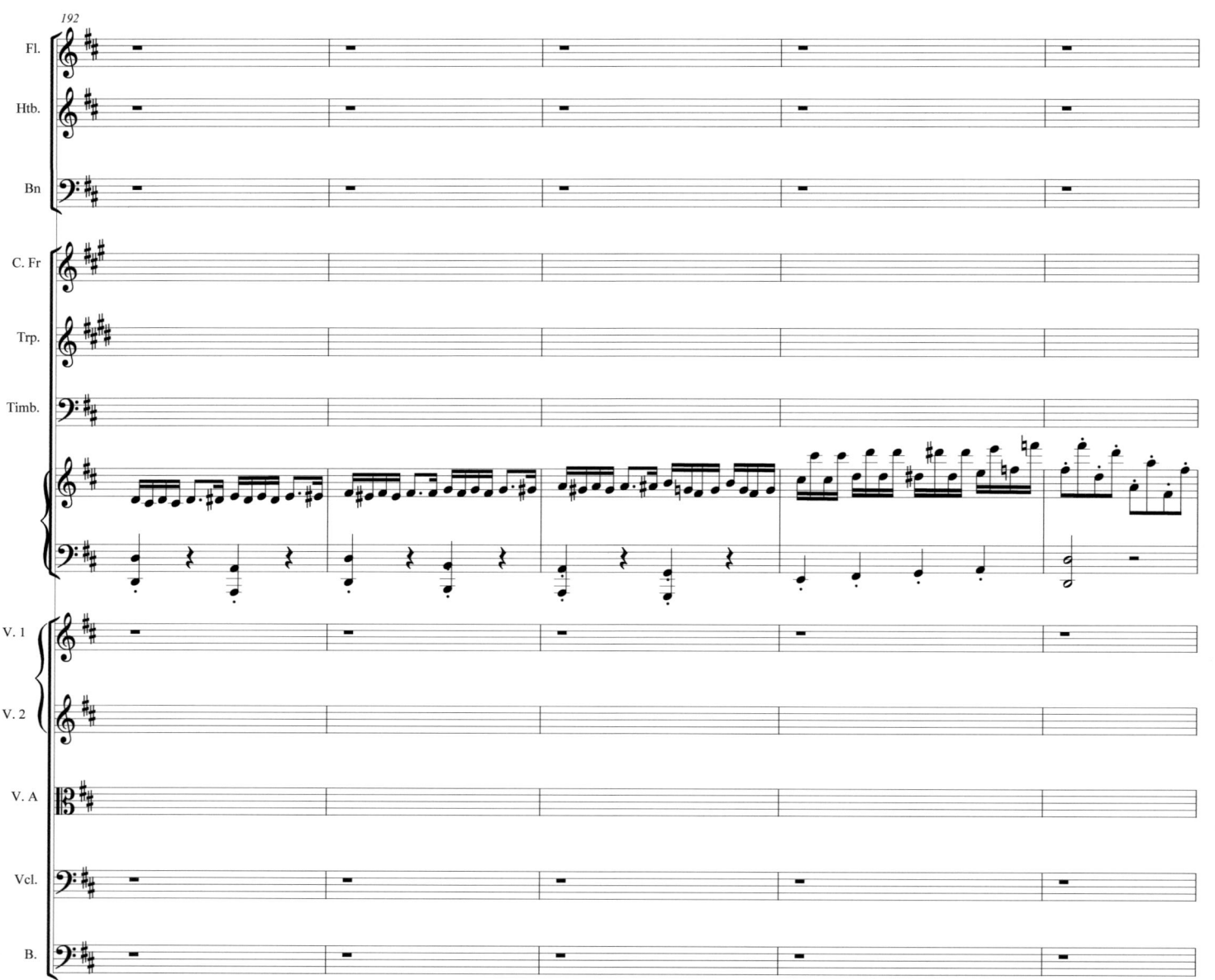

39

40

41

42

43

Concerto pour piano n°1 en ré majeur, "Célesta" - deuxième mouvement.

Andante

Claude-Alexandre Simonetti

Concerto pour piano n°1 en ré majeur, "Célesta" - deuxième mouvement.

47

50

51

53

Concerto pour piano n°1 en ré majeur, "Célesta" - troisième mouvement.

Moderato

Claude-Alexandre Simonetti

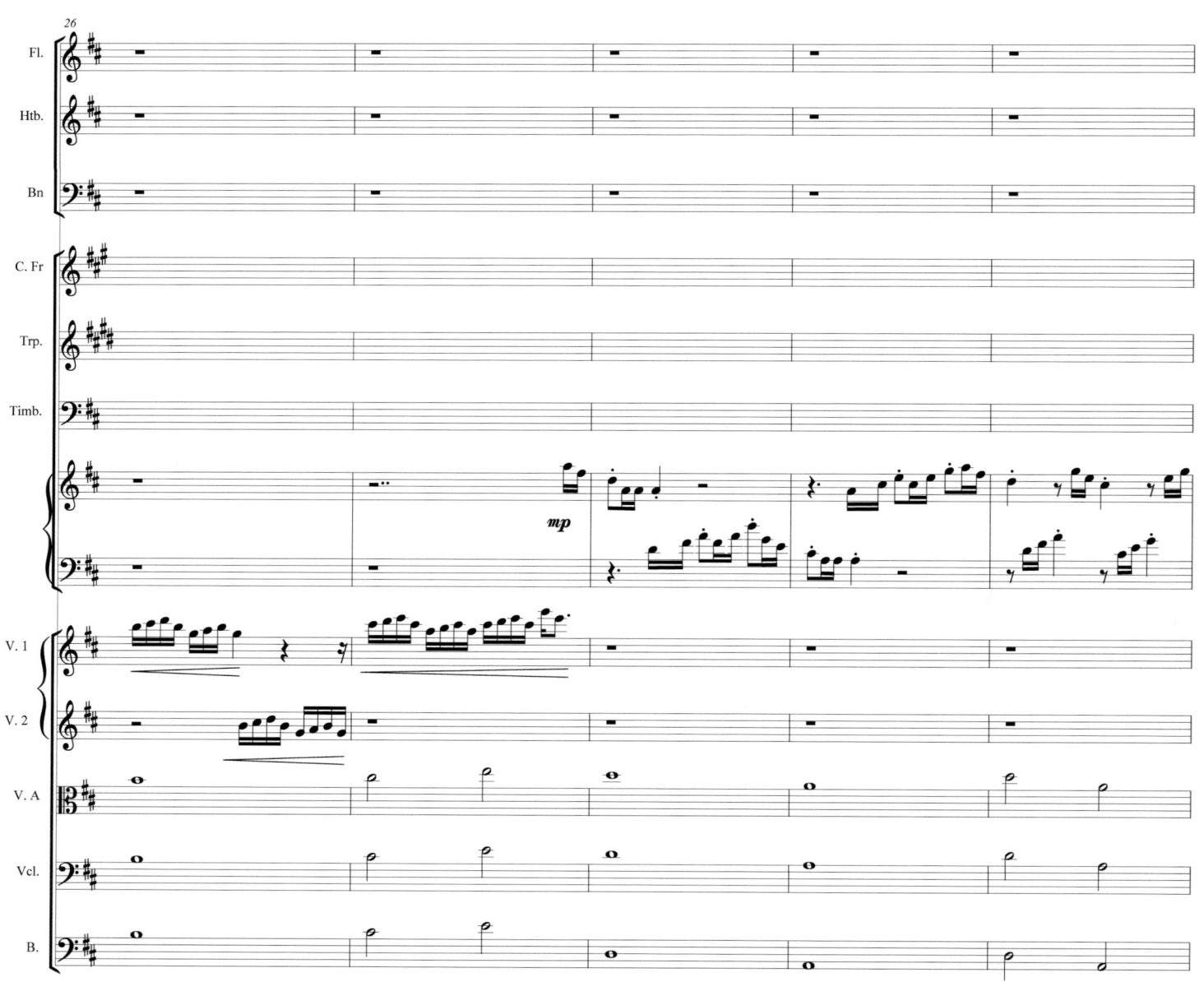

63

Concerto pour piano n°1 en ré majeur, "Célesta" - troisième mouvement.

Concerto pour piano n°1 en ré majeur, "Célesta" - troisième mouvement.

65

66

Concerto pour piano n°1 en ré majeur, "Célesta" - troisième mouvement.

Concerto pour piano n°1 en ré majeur, "Célesta" - troisième mouvement.

Concerto pour piano n°1 en ré majeur, "Célesta" - troisième mouvement.

Concerto pour piano n°1 en ré majeur, "Célesta" - troisième mouvement.

Concerto pour piano n°1 en ré majeur, "Célesta" - troisième mouvement.

75

Concerto pour piano n°1 en ré majeur, "Célesta" - troisième mouvement.

BoD – Books on Demand
Norderstedt, Allemagne

Dépôt légal mars 2021